NOTICE

sur

PHILIBERT BABOU DE LA BOURDAISIÈRE

et

SUR LE MANUSCRIT

QUI CONTIENT SA CORRESPONDANCE

PAR M. *Edouard* HENRY

Membre titulaire de l'Académie Impériale de Reims.

EXTRAIT

DES TRAVAUX DE L'ACADÉMIE IMPÉRIALE DE REIMS.

REIMS

P. DUBOIS, IMPRIMEUR-LIBRAIRE

SUCCESSEUR DE P. REGNIER.

1859.

NOTICE

sur

PHILIBERT BABOU DE LA BOURDAISIÈRE

et sur le manuscrit qui contient sa correspondance.

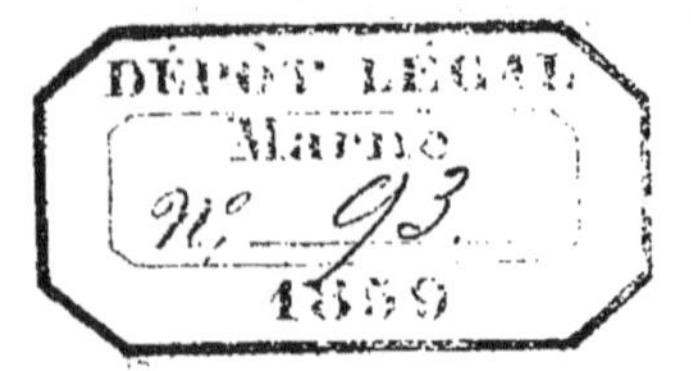

———

Philibert Babou, auteur de la correspondance que nous publions, est né en 1512, près de Tours, au château de la Bourdaisière, d'une famille de financiers récemment parvenus et anoblis. Dans le courant du XVIᵉ siècle, les principaux membres de cette famille s'élevèrent à d'importantes fonctions dans l'Etat, aux plus hautes dignités dans l'Eglise. Leur chef mourut conseiller au conseil privé; Jean, l'aîné de ses fils, fut successivement maître de la garde-robe des Dauphins, maître-général de l'artillerie; Jacques, le cadet, devint doyen de Tours, puis évêque d'Angoulême; le troisième, qui est notre Philibert, à vingt ans (1532) succéda à Jacques dans toutes ses dignités, et y ajouta plus tard celles de trésorier de la Sainte-Chapelle, de maître des requêtes, d'abbé du Jard, de cardinal et d'évêque d'Auxerre.

Il mourut à Rome en 1570, après y avoir passé douze ans, d'abord avec le titre d'ambassadeur ordinaire, puis comme protecteur des affaires de France.

Quelques pièces de sa correspondance officielle, datées de Rome, ont été publiées par Ribier, dans

1

le recueil intitulé *Lettres et Mémoires d'Estat* ; les autres, c'est-à-dire la plus grande partie, sont restées inédites jusqu'ici, éparses dans les bibliothèques de Paris et des départements.

La bibliothèque de Reims, en particulier, possède de notre ambassadeur *cinquante* lettres en deux fragments de deux écritures différentes. Le premier commence au 1er Juillet 1560 et finit le 2 Avril 1561 ; le second s'étend du 25 Mars 1563 au 8 Janvier 1564. Le tout (M $\frac{120}{825}$ in-f°) forme un volume de 95 folios , à longues lignes ; il provient, comme plusieurs autres manuscrits du XVIe siècle, du chapitre de Reims , qui lui-même le tenait de quelque chanoine secrétaire ou agent des princes lorrains, archevêques de Reims.

L'Académie de Reims , sur notre proposition , a voulu ajouter ce volume à ses grandes publications historiques. Nous ne craignons pas de dire que , s'il est petit de forme et de matière , il est gros de détails et de faits nouveaux , sur les hommes et sur les choses , particulièrement sur le rôle de la France à Rome et en Italie au milieu du XVIe siècle.

Par sa correspondance, l'évêque d'Angoulême nous révèle un écrivain quelquefois imagé et coloré , souvent diffus et confus comme presque tous ceux de son temps, un diplomate consommé, égal, sinon supérieur à tous ceux que l'épiscopat français fournissait alors dans toutes les cours de l'Europe. Entre tous , il avait à remplir une mission délicate et difficile. Dès son arrivée à Rome, en Mai 1558, il voyait la papauté abandonner définitivement et sans retour sa politique séculaire , et quitter l'alliance française pour se livrer entièrement à l'influence espagnole. Peu après, la France elle-même s'abandonnait au courant, devenait pour l'Espagne une amie dévouée et presque une servante : du moins, c'est ainsi que l'entendaient les agents de Philippe II. Au commencement de l'année 1559 (Février et Mars), tandis qu'on négociait le traité de Cateau-Cambrésis, ils firent faire à Saint-Jacques de Rome les obsèques de la reine Marie Tudor, puis celles de l'empereur Charles-Quint, avec grande pompe, écriteaux et peintures, « en l'ignominye et opprobre de la nation française » et du roi François Ier. En cinq endroits, l'empereur était appelé *Gallicus*. « En un lieu éminent et conspicu, » on voyait les armes de France et de Navarre et cette inscription en grosses lettres : *Prælio Ticinensi rex Gallorum simul cum rege Navarræ captus, cæso fusoque exercitu gallo;* et au-dessus, à l'usage de ceux qui ne savaient pas lire ou comprendre, on avait représenté deux hommes, les mains liées derrière le dos et attachés à un pilier, sans négliger de les rendre aussi ressemblants, aussi parlants que possible. Seize cardinaux, par leur présence à la cérémonie, semblèrent approuver ces insolences (1).

Peu après, l'ambassadeur espagnol, le docteur Vargas, disputait la préséance à l'ambassadeur français. De temps immémorial, le roi de France, ou ses représentants, ne cédait le pas qu'à l'empereur, et précédait tous les autres rois. Après l'abdication de son père, Philippe II voulut usurper cette première place par une ruse qu'il croyait habile : en confirmant les ambassadeurs que Charles-Quint avait dans plusieurs cours comme roi d'Espagne, il leur enjoignit de continuer à occuper le même rang que par le passé.

(1) V. **Ribier**, II.

Vargas, alors à Venise, essaya vainement de faire réussir cet escamotage. Envoyé à Rome, il se crut sur un meilleur terrrain ; comptant sur le bon vouloir de la cour romaine, espérant triompher facilement des résistances d'un prince fort jeune, mal affermi sur son trône, beau-frère et allié du roi d'Espagne, il renouvela ses entreprises, non de haute lutte, mais comme toujours, par des chemins couverts. Les neveux du pape y donnèrent volontiers les mains. L'un d'eux, Frédéric Borromée, faisant à Rome son entrée solennelle, le 8 Octobre 1560, on invita à cette cérémonie et au repas du soir tous les ambassadeurs, le nôtre excepté. Le 24 du même mois, le pape déclara à l'évêque d'Angoulême que, pour éviter toute dispute de préséance, le banquet de la création serait supprimé et remplacé par une distribution de médailles, de dix écus chacune, à chacun des convives accoutumés ; pourtant, le lendemain de cette déclaration, on faisait les préparatifs du festin sans envoyer d'invitation à l'ambassadeur français.

Mais si le pape, sa famille et sa cour encouragent et soutiennent les usurpations de l'Espagne, le peuple romain regarde de telles insolences de très-mauvais cœur, et « demandent aucuns par moequerie » pourquoi les Espagnols n'avaient pas mis aussi aux obsèques de Charles-Quint un trophée de la prise et du sac de Rome sous le pape Clément VII, et de tous côtés on surveille les démarches de Vargas.

La Bourdaisière sut contenir ses ressentiments et ceux de ses amis ; puis, sans aigreur comme sans faiblesse, il défendit et conserva l'honneur et les droits de la France.

La mort de Henri II lui fournit bientôt un moyen

de « se revencher des bravades espagnoles. » Il proposa
de donner au feu roi, dans la cérémonie des obsèques,
autant de fois le surnom d'*Hispanicus* qu'au feu empereur celui de *Gallicus*, et d'opposer au *tableau de
Pavie* celui *de l'abdication* : on verrait Charles-Quint
laissant les ornements et insignes de l'empire, près
de lui des moines avec la croix et l'eau bénite, lui
présentant un froc, et au-dessous l'inscription suivante :
Ab Henrico rege libera nos, Domine. De plus, il fallait
six ou dix mille livres pour égaler au moins la pompe
espagnole. Le gouvernement de François II n'avait
ni assez d'argent, ni assez d'audace ; il répondit « que
le plus expédient était de laisser là cette cérémonie. »

L'évêque d'Angoulême n'en fut pas trop contrarié,
car, quand, à la mort de François II, une seconde occasion se présenta, en demandant des ordres au roi
Charles IX, il lui écrivit : « A mon avis, mieux vaudroit
ne rien faire que faire maigrement, car ceux de deçà
reprouvent merveilleusement en autrui indigence ou
mécaniqueté, en usant, toutefois, pour le regard de leur
particulier, selon leur profit et commodité. »

Dans l'affaire des obsèques, il n'avait qu'à donner
son avis et à se conformer aux ordres de son maître ;
mais dans celle de la préséance, il dut payer de sa
personne et soutenir par sa propre attitude l'honneur
de la France.

Comme les fêtes du 8 Décembre étaient, à la rigueur,
des réjouissances de famille, l'ambassadeur français
se borne à des plaintes indirectes, s'excuse près du
pape de n'avoir pu assister à l'entrée du comte Frédéric : « n'ayant reçu d'invitation, il n'a voulu faire
de la peine à sa Sainteté. » Mais, pour la fête de la
création, il ne veut pas se laisser jouer. Ce jour même,

26 Décembre, « dès le fin matin, » il va au palais, et voyant que le cardinal Borromée ne répondait qu'évasivement à ses questions, il se rend dans l'antichambre du pape et demande audience. Il attendait depuis longtemps quand Vargas arrive, pénètre aussitôt près du saint-père, où le rejoignent peu après plusieurs cardinaux. Alors commence une scène, ou plutôt « une comédie, » comme dit Babou, qui dura quatre ou cinq heures. Nous allons la résumer en laissant, autant que possible, la parole au narrateur original.

« Après avoir conféré quelque temps avec Pie IV, les cardinaux revinrent me trouver dans l'antichambre, proposant plusieurs expédiens , entre autres celui-ci : le pape consentoit à ce que j'assistasse au dîner de la création ; mais, le jour de la coronation, je resterois chez moi, feignant d'estre malade. A quoi je répondis, que quand je serois réellement malade, je me ferois plutôt porter que de manquer à un tel acte, où la dignité de mon maître se mettoit en controverse : et ainsi de suite, repoussant tous les expédiens jusques à quatre ; autant il y avoit de trous, trouvant autant de chevilles pour les estouper. Alors Moron commença à me conjurer par la bonne amitié qu'il me portoit, par la bonne opinion que le pape avoit de moi, par le bien et repos de la chrestienté, que j'eusse à me désister de cette mienne obstination. Les autres cardinaux ajoutèrent leurs instances comme frères et amis. Le camerlingue se montra merveilleusement aigre, et me picqua plus que pas un, commençant à menasser de la guerre, de laquelle il disoit que nous n'avions pas besoin. Ne pouvant supporter ces bravades, je répliquai : « Nous n'avons pas paour de la guerre, Dieu merci ;

» encor que notre prince soit jeune, le royaume de
» France est en termes d'offendre autrui non moins
» que de se deffendre. » Je remerciai très-humblement
les autres : mais je leur fis remarquer que, m'ou-
bliant comme ils vouloient que je fisse, je n'aurois
pas le pied à l'étrier en la seconde poste de France,
que je ne fusse arresté prisonnier pour faire justice
d'une telle déloyauté : que je tenois à savoir de sa
Sainteté si elle vouloit nous reconnaître à l'accoutu-
mée ou s'ennuyoit de notre obéissance ; qu'enfin,
plutôt que de partir avant de lui avoir parlé,
j'attendrois d'estre jecté dehors par ses gardes. »

Les cardinaux retournèrent près du pape, qui, sur
leur rapport, congédia Vargas et descendit pour aller
à la messe. « Il était une heure après midi ou plus. »
L'évêque d'Angoulême faisait toujours antichambre.
Pie IV passa près de lui sans dire un seul mot, mais
le salua de la tête « avec un fort bon visage, » et me sem-
bla, ajoute notre ambassadeur, « que en son cœur il
était content que j'eusse tenu bon. »

Vargas avait compté sans son hôte ; il s'en alla battu
et peu content. Pendant six semaines, il s'abstint de
toute cérémonie publique, ne reparut qu'à la messe
de la Chandeleur, et à son rang. Du reste, cette dispute n'aigrit point les rapports des deux ambassadeurs ; loin de s'éviter, ils se rencontrèrent souvent,
« s'embrassant et devisant ensemble comme serviteurs
de princes alliés. »

Le comte de Tendille fit plus de façon. Le jour de la
coronation, se trouvant à Saint-Pierre au service,
« voyant que l'on avoit porté l'encens à l'évesque
d'Angoulême le premier, il tourna la tête quand on
le voulut encenser, comme celui qui ne l'accepte. »

Cette dispute ne fut pas encore complètement vidée pour cette fois : Philippe II la fit recommencer à Rome, à Venise, à Trente; pour tourner la difficulté, il songea sérieusement à prendre le titre d'empereur des Indes, et parla même de se brouiller avec le pape, qui ne voulait pas nous faire une injustice criante; enfin il se résigna, et reconnut le droit de la France. Il faut convenir que La Bourdaisière, par sa constance à l'époque qui nous occupe, par ses conseils dans des lettres postérieures, contribua beaucoup à notre victoire.

C'est ainsi que l'évêque d'Angoulême traitait les petites questions de la diplomatie, source fréquente des plus graves évènements. Nous ne le voyons ni plus maladroit ni moins ferme, dans une affaire réellement capitale où il fut vaincu, mais sans humiliation. Nous voulons parler du concile de Trente. Cette assemblée, d'abord réunie en 1545, avait été suspendue en 1552, après seize sessions entières. Sept années plus tard, le traité du Cateau-Cambrésis ayant rétabli la paix politique, on s'occupe de la paix religieuse que tous les chrétiens catholiques et protestants demandent, comme par le passé, à un concile général.

L'Espagne se prononce pour la continuation de celui de Trente, la France et l'empereur en sollicitent un tout nouveau, vraiment général, pur, libre, et dans une autre ville, « pour lever aux protestants l'occasion de tumultuer, et les ouir suivant qu'ils érient incessamment. »

Le gouvernement français montre surtout beaucoup d'impatience. Les temporisations des cardinaux commissaires, « vieux et maladifs, craignant de travailler par les chaleurs et temps dangereux, » les excitations continuelles de l'empereur, la conjuration d'Amboise et l'assemblée de Fontainebleau le pressent d'en finir, et le décident à convoquer pour le 20 Janvier 1561 un concile national, au défaut du général.

Le pape, qui avait toujours dit et répété : « Je ne désire rien tant que la célébration d'un concile général, j'irai partout où j'aurai sûr accès, « même à » Jérusalem ou Constantinople, » s'esbahit merveilleusement quand on lui parla d'un concile gallican : son visage changea, « dénotant admiration et colère tout ensemble ; pourtant il refrena sa passion, et sans trop s'aigrir de langage, respondit : « C'est abus de croire » que les protestants envoyent au concile ; ils prou- » vent leur dessein contraire en faisant des propositions » deshonnêtes et déraisonnables ; un pape qui les » accorderoit seroit hérétique et digne d'estre déposé... » A leur maladie n'eschet d'autre médecin que le feu » et l'épée. » Puis, sur les justifications motivées de notre ambassadeur, sur des assurances de fidélité et de respect de la part du roi de France, il s'emporte et dit en élevant la voix : « Je vous prie de ne m'es- » timer si lourdault que je ne me laisse endormir par » vos paroles : votre concile national est un schisme, » tenez cela pour Evangile. » Peu après, dans une autre audience, comme La Bourdaisière attribuait à l'intermission des conciles la multiplication des hé- résies, piqué au vif, le saint-père s'écria : « La vraie » cause est dans l'ambition des princes, qui, dans leurs » guerres, soutiennent les hérétiques pour s'en servir » les uns contre les autres. »

Qu'opposer à toutes ces bourrasques, que répondre à des arguments si péremptoires? Nous n'avons plus pour nous, comme naguère contre Vargas et

Philippe II, le droit et la raison. Il faut que le fils de
l'Eglise, qui si souvent se conduit en véritable fils
aîné, en contradicteur et en tyran, ou s'humilie, ou
se révolte. La Bourdaisière trouve un moyen terme,
concilie son devoir d'évêque et d'ambassadeur, termine
et calme la dispute par une réponse sans réplique :
« Le mal est grand, quiconque en a été cause, en
répondra devant Dieu ; mais, puisque la plaie est faite,
le mieux est de la guérir, dont sa Majesté espère que
votre Sainteté aura l'honneur. »

Du reste, l'évêque d'Angoulême ne garda pas longtemps les coups qui lui avaient été portés ; il s'en dé-
chargea sur le docteur Vargas, instigateur entre tous,
de la colère de Pie IV contre la France. Voici comment
notre auteur raconte la nouvelle humiliation de son
rival, infligée encore dans l'antichambre du saint-père,
en présence de l'ambassadeur de l'empereur (15 Novembre). « Attendant audience, devisâmes du concile. Vargas
insistant sur la continuation de celui de Trente, je lui
demandai s'il pensoit pas que Dieu et le St-Esperit se
trouvassent au concile, soit que le pape l'indît de
nouveau ou continuât celui de Trente. Ce qui m'estant
par lui confessé, je lui demandai encore pourquoi
il s'opiniâtrait tant à la continuation : il me répondit
que le roi catholique avoit paour que les bons et saints
décrets du concile de Trente fussent rétractés par le
nouveau. Je lui dis trouver cette opinion merveilleusement étrange d'un prince si sage que le roi catholique,
que cela me sembloit monstrer avoir paour que Dieu
et le St-Esperit eussent faute de sens et de mémoire,
et qu'il ne falloit craindre que là où il intervenoit, il
s'y fît rien que de bon et de saint. »

L'évêque d'Angoulême avait raison et Vargas n'avait

pas tort. Dans ces graves conjonctures, Pie IV, père commun de tous les chrétiens, voulut, sans perdre de temps, donner satisfaction à toutes les demandes raisonnables, en se servant, dans la publication de la bulle de convocation (29 Novembre 1560), du mot *indire*, sans approuver ni improuver les décrets déjà adoptés. Charles IX et Ferdinand, après quelques remonstrances et oppositions, abandonnèrent successivement leurs projets impossibles d'intérim et de réconciliation, obéirent à la bulle et se soumirent aux décrets du concile, ou plutôt aux véritables doctrines de l'Église catholique. Par sa modération mêlée de fermeté, le représentant de la France n'est pas étranger à ce grand résultat. Pie IV lui en donna un témoignage public en le nommant cardinal, ce qu'il ne fit jamais pour Vargas, qui pourtant en brûlait d'envie, qui même en mourut de dépit.

Nous pourrions multiplier les citations, c'est-à-dire, les réponses heureuses, les avis prudents, les négociations habiles de notre ambassadeur; mais les trois affaires que nous avons résumées suffisent pour donner une idée de son esprit et de son rôle. Nous renverrons, pour le reste, à la table des matières qui finira le volume. On y verra que, par le nombre et l'importance des évènements, les lettres que nous publions doivent trouver naturellement leur place à côté des grandes collections de Ribier, de MM. L. Paris, Weiss, Gachard et Charrière. Puissent-elles appeler l'attention de quelques érudits, faciliter une étude sérieuse sur l'évêque d'Angoulême, et une édition complète de sa correspondance !

Afin de reproduire le plus exactement qu'il était possible notre manuscrit, nous avons conservé le

texte sans corrections ni additions, avec son ortho-
graphe ; et pour en rendre la lecture plus facile, nous
avons employé l'accentuation et la ponctuation mo-
dernes, et établi autant d'alinéas que le sens le
demandait. Enfin nous avons indiqué par des ( )
les mots douteux, et par des [ ] ceux qu'une autre
main, celle qui a mis l'en-tête des lettres, paraît avoir
ajoutés en révisant la copie.

Quelques notes feront connaître au lecteur les per-
sonnages et les faits que le texte se contente d'in-
diquer.

Reims, Imp. de P. Dubois, successeur de P. Regnier.